Ehehafen

Das charmante Gästebuch für Hochzeitsgäste!

Die Hafenprinzessin

Dieses Hochzeitsgästebuch gehört:

Dieses Hochzeitsgästebuch ist ein Ausfüllbuch für die perfekte Hochzeit und für unvergessliche Erinnerungen. Gerade in gewissen Übergangsminuten haben einige Gäste z.B. vor oder kurz nach dem Essen ausreichend Zeit, um dem Brautpaar ein paar gezielte liebe Wort mit auf den Weg zu geben und eine Nachricht von der Feier zu hinterlassen. Genau hierfür wurde das „Ehehafen"-Buch entwickelt. Das Prinzip dieser Bücher funktioniert so, dass z.B. das Brautpaar vor der Hochzeit diese Bücher kauft und am Tag der Hochzeit im Festsaal oder direkt auf den eingedeckten Tischen zusammen mit Stiften auslegt. Danach sind die Gäste gefragt, um auf den vorgegeben Ausfüllfeldern amüsante und sehr nette Nachrichten für das Brautpaar zu hinterlassen. Den Mehrwert genießen nach der Hochzeit die frisch gebackenen Eheleute, denn die liebevoll designten Ausfüllalben sorgen für vielfache schöne Lesemomente, die immer wieder an die schöne Feier und natürlich auch an einzelne Gäste erinnern lassen. Das über 100 Seiten starke Album ist kostengünstig und passt kinderleicht in jedes Hochzeitsbudget. In jedem Hochzeitsgästebuch finden jeweils 50 Gäste eine vorgestaltete Doppelseite zur freien kreativen Entfaltung. Herzliche Grüße, Ihre Hafenprinzessin

Impressum

© 2020 youneo projects flick und weber GbR

Alle Rechte vorbehalten. Die Benutzung dieses Buchs und der darin enthaltenen Informationen erfolgt ausdrücklich auf eigenes Risiko. Haftungsansprüche gegen den Verlag und den Autor für Schäden materieller oder ideeller Art, die durch die Nutzung oder Nichtnutzung der Informationen bzw. durch die Nutzung fehlerhafter und/oder unvollständiger Informationen verursacht wurden, sind grundsätzlich ausgeschlossen. Das Werk inklusive aller Inhalte wurde unter größter Sorgfalt erarbeitet. Der Verlag und der Autor übernehmen jedoch keine Gewähr für die Aktualität, Korrektheit, Vollständigkeit und Qualität der bereitgestellten Informationen, ebenso für etwaige Druckfehler.

Verantwortlich

Christian Flick / Mathias Weber
youneo projects flick und weber GbR, Poststraße 1, 49326 Melle
info@youneoprojects.de, www.youneoprojects.de

Herstellung und Verlag

BoD - Books on Demand, Norderstedt

Bildquellen

© vladee/shutterstock (Cover), ddok/shutterstock, Jane Kelly - Fotolia.com

Hafenprinzessin® ist eine eingetragene Marke der youneo projects flick und weber GbR.

ISBN: 9783750434714

Name des Gastes: _____

War die Vorbereitung auf diese Feier sehr anstrengend?　　○ 😊 Ja　　○ 😐 Nein

War die Anreise leicht und die Wegbeschreibung gut vorbereitet?　　○ 😊 Ja　　○ 😐 Nein

Wie gefällt die Location (Kirche, Feierbereich und die allgemeine Örtlichkeit)?　　○ 😊 Ja　　○ 😐 Nein

Gibt es Getränke und Essen nach deinem Geschmack?　　○ 😊 Ja　　○ 😐 Nein

Ist das Brautpaar das schönste Ehepaar, welches du heute gesehen hast?　　○ 😊 Ja　　○ 😐 Nein

Ist die Brautkutsche bzw. der Brautwagen nach deinem Geschmack?　　○ 😊 Ja　　○ 😐 Nein

Gefällt dir die musikalische Auswahl von dieser Feier?　　○ 😊 Ja　　○ 😐 Nein

Wurde und wird heute ausreichend getanzt?　　○ 😊 Ja　　○ 😐 Nein

Kennst du mehr als 10% der Gäste vom heutigen Tag?　　○ 😊 Ja　　○ 😐 Nein

Kennst du weniger als 50% der Gäste vom heutigen Tag?　　○ 😊 Ja　　○ 😐 Nein

Trage hier bitte deine Wünsche für das Brautpaar ein:

Welches Zitat oder Gedicht magst du dem Brautpaar mit auf den Weg geben:

Dein aktuelles Lieblingslied lautet:

Mit wem hast du heute alles getanzt:

Was ist dein Lieblingsgetränk und hast du es heute auch getrunken:

Platz für großes Lob und kleine konstruktive Kritik:

Name des Gastes: _____

War die Vorbereitung auf diese Feier sehr anstrengend?	○ ☺ Ja	○ 😐 Nein
War die Anreise leicht und die Wegbeschreibung gut vorbereitet?	○ ☺ Ja	○ 😐 Nein
Wie gefällt die Location (Kirche, Feierbereich und die allgemeine Örtlichkeit)?	○ ☺ Ja	○ 😐 Nein
Gibt es Getränke und Essen nach deinem Geschmack?	○ ☺ Ja	○ 😐 Nein
Ist das Brautpaar das schönste Ehepaar, welches du heute gesehen hast?	○ ☺ Ja	○ 😐 Nein
Ist die Brautkutsche bzw. der Brautwagen nach deinem Geschmack?	○ ☺ Ja	○ 😐 Nein
Gefällt dir die musikalische Auswahl von dieser Feier?	○ ☺ Ja	○ 😐 Nein
Wurde und wird heute ausreichend getanzt?	○ ☺ Ja	○ 😐 Nein
Kennst du mehr als 10% der Gäste vom heutigen Tag?	○ ☺ Ja	○ 😐 Nein
Kennst du weniger als 50% der Gäste vom heutigen Tag?	○ ☺ Ja	○ 😐 Nein

Trage hier bitte deine Wünsche für das Brautpaar ein:

Welches Zitat oder Gedicht magst du dem Brautpaar mit auf den Weg geben:

Dein aktuelles Lieblingslied lautet:

Mit wem hast du heute alles getanzt:

Was ist dein Lieblingsgetränk und hast du es heute auch getrunken:

Platz für großes Lob und kleine konstruktive Kritik:

Name des Gastes: _____

Frage	Ja	Nein

War die Vorbereitung auf diese Feier sehr anstrengend? ○ 🙂 Ja ○ 😐 Nein

War die Anreise leicht und die Wegbeschreibung gut vorbereitet? ○ 🙂 Ja ○ 😐 Nein

Wie gefällt die Location (Kirche, Feierbereich und die allgemeine Örtlichkeit)? ○ 🙂 Ja ○ 😐 Nein

Gibt es Getränke und Essen nach deinem Geschmack? ○ 🙂 Ja ○ 😐 Nein

Ist das Brautpaar das schönste Ehepaar, welches du heute gesehen hast? ○ 🙂 Ja ○ 😐 Nein

Ist die Brautkutsche bzw. der Brautwagen nach deinem Geschmack? ○ 🙂 Ja ○ 😐 Nein

Gefällt dir die musikalische Auswahl von dieser Feier? ○ 🙂 Ja ○ 😐 Nein

Wurde und wird heute ausreichend getanzt? ○ 🙂 Ja ○ 😐 Nein

Kennst du mehr als 10% der Gäste vom heutigen Tag? ○ 🙂 Ja ○ 😐 Nein

Kennst du weniger als 50% der Gäste vom heutigen Tag? ○ 🙂 Ja ○ 😐 Nein

Trage hier bitte deine Wünsche für das Brautpaar ein:

Welches Zitat oder Gedicht magst du dem Brautpaar mit auf den Weg geben:

Dein aktuelles Lieblingslied lautet:

Mit wem hast du heute alles getanzt:

Was ist dein Lieblingsgetränk und hast du es heute auch getrunken:

Platz für großes Lob und kleine konstruktive Kritik:

Name des Gastes: _____

War die Vorbereitung auf diese Feier sehr anstrengend? ○ 😊 Ja ○ 😐 Nein

War die Anreise leicht und die Wegbeschreibung gut vorbereitet? ○ 😊 Ja ○ 😐 Nein

Wie gefällt die Location (Kirche, Feierbereich und die allgemeine Örtlichkeit)? ○ 😊 Ja ○ 😐 Nein

Gibt es Getränke und Essen nach deinem Geschmack? ○ 😊 Ja ○ 😐 Nein

Ist das Brautpaar das schönste Ehepaar, welches du heute gesehen hast? ○ 😊 Ja ○ 😐 Nein

Ist die Brautkutsche bzw. der Brautwagen nach deinem Geschmack? ○ 😊 Ja ○ 😐 Nein

Gefällt dir die musikalische Auswahl von dieser Feier? ○ 😊 Ja ○ 😐 Nein

Wurde und wird heute ausreichend getanzt? ○ 😊 Ja ○ 😐 Nein

Kennst du mehr als 10% der Gäste vom heutigen Tag? ○ 😊 Ja ○ 😐 Nein

Kennst du weniger als 50% der Gäste vom heutigen Tag? ○ 😊 Ja ○ 😐 Nein

Trage hier bitte deine Wünsche für das Brautpaar ein:

Welches Zitat oder Gedicht magst du dem Brautpaar mit auf den Weg geben:

Dein aktuelles Lieblingslied lautet:

Mit wem hast du heute alles getanzt:

Was ist dein Lieblingsgetränk und hast du es heute auch getrunken:

Platz für großes Lob und kleine konstruktive Kritik:

Name des Gastes: _____

Frage	Ja	Nein
War die Vorbereitung auf diese Feier sehr anstrengend?	○ 🙂 Ja	○ 😐 Nein
War die Anreise leicht und die Wegbeschreibung gut vorbereitet?	○ 🙂 Ja	○ 😐 Nein
Wie gefällt die Location (Kirche, Feierbereich und die allgemeine Örtlichkeit)?	○ 🙂 Ja	○ 😐 Nein
Gibt es Getränke und Essen nach deinem Geschmack?	○ 🙂 Ja	○ 😐 Nein
Ist das Brautpaar das schönste Ehepaar, welches du heute gesehen hast?	○ 🙂 Ja	○ 😐 Nein
Ist die Brautkutsche bzw. der Brautwagen nach deinem Geschmack?	○ 🙂 Ja	○ 😐 Nein
Gefällt dir die musikalische Auswahl von dieser Feier?	○ 🙂 Ja	○ 😐 Nein
Wurde und wird heute ausreichend getanzt?	○ 🙂 Ja	○ 😐 Nein
Kennst du mehr als 10% der Gäste vom heutigen Tag?	○ 🙂 Ja	○ 😐 Nein
Kennst du weniger als 50% der Gäste vom heutigen Tag?	○ 🙂 Ja	○ 😐 Nein

Trage hier bitte deine Wünsche für das Brautpaar ein:

Welches Zitat oder Gedicht magst du dem Brautpaar mit auf den Weg geben:

Dein aktuelles Lieblingslied lautet:

Mit wem hast du heute alles getanzt:

Was ist dein Lieblingsgetränk und hast du es heute auch getrunken:

Platz für großes Lob und kleine konstruktive Kritik:

Name des Gastes: _____

War die Vorbereitung auf diese Feier sehr anstrengend? ◯ ☺ Ja ◯ 😐 Nein

War die Anreise leicht und die Wegbeschreibung gut vorbereitet? ◯ ☺ Ja ◯ 😐 Nein

Wie gefällt die Location (Kirche, Feierbereich und die allgemeine Örtlichkeit)? ◯ ☺ Ja ◯ 😐 Nein

Gibt es Getränke und Essen nach deinem Geschmack? ◯ ☺ Ja ◯ 😐 Nein

Ist das Brautpaar das schönste Ehepaar, welches du heute gesehen hast? ◯ ☺ Ja ◯ 😐 Nein

Ist die Brautkutsche bzw. der Brautwagen nach deinem Geschmack? ◯ ☺ Ja ◯ 😐 Nein

Gefällt dir die musikalische Auswahl von dieser Feier? ◯ ☺ Ja ◯ 😐 Nein

Wurde und wird heute ausreichend getanzt? ◯ ☺ Ja ◯ 😐 Nein

Kennst du mehr als 10% der Gäste vom heutigen Tag? ◯ ☺ Ja ◯ 😐 Nein

Kennst du weniger als 50% der Gäste vom heutigen Tag? ◯ ☺ Ja ◯ 😐 Nein

Trage hier bitte deine Wünsche für das Brautpaar ein:

_____

_____

Welches Zitat oder Gedicht magst du dem Brautpaar mit auf den Weg geben:

_____

_____

Dein aktuelles Lieblingslied lautet:

_____

Mit wem hast du heute alles getanzt:

_____

Was ist dein Lieblingsgetränk und hast du es heute auch getrunken:

_____

Platz für großes Lob und kleine konstruktive Kritik:

_____

_____

Name des Gastes: _____

War die Vorbereitung auf diese Feier sehr anstrengend?	☺ Ja	☺ Nein

War die Vorbereitung auf diese Feier sehr anstrengend? ○ ☺ Ja   ○ 😐 Nein

War die Anreise leicht und die Wegbeschreibung gut vorbereitet? ○ ☺ Ja   ○ 😐 Nein

Wie gefällt die Location (Kirche, Feierbereich und die allgemeine Örtlichkeit)? ○ ☺ Ja   ○ 😐 Nein

Gibt es Getränke und Essen nach deinem Geschmack? ○ ☺ Ja   ○ 😐 Nein

Ist das Brautpaar das schönste Ehepaar, welches du heute gesehen hast? ○ ☺ Ja   ○ 😐 Nein

Ist die Brautkutsche bzw. der Brautwagen nach deinem Geschmack? ○ ☺ Ja   ○ 😐 Nein

Gefällt dir die musikalische Auswahl von dieser Feier? ○ ☺ Ja   ○ 😐 Nein

Wurde und wird heute ausreichend getanzt? ○ ☺ Ja   ○ 😐 Nein

Kennst du mehr als 10% der Gäste vom heutigen Tag? ○ ☺ Ja   ○ 😐 Nein

Kennst du weniger als 50% der Gäste vom heutigen Tag? ○ ☺ Ja   ○ 😐 Nein

16

Trage hier bitte deine Wünsche für das Brautpaar ein:

Welches Zitat oder Gedicht magst du dem Brautpaar mit auf den Weg geben:

Dein aktuelles Lieblingslied lautet:

Mit wem hast du heute alles getanzt:

Was ist dein Lieblingsgetränk und hast du es heute auch getrunken:

Platz für großes Lob und kleine konstruktive Kritik:

Name des Gastes: _____

War die Vorbereitung auf diese Feier sehr anstrengend?	○ 🙂 Ja	○ 😐 Nein

War die Vorbereitung auf diese Feier sehr anstrengend? ○ ☺ Ja ○ 😐 Nein

War die Anreise leicht und die Wegbeschreibung gut vorbereitet? ○ ☺ Ja ○ 😐 Nein

Wie gefällt die Location (Kirche, Feierbereich und die allgemeine Örtlichkeit)? ○ ☺ Ja ○ 😐 Nein

Gibt es Getränke und Essen nach deinem Geschmack? ○ ☺ Ja ○ 😐 Nein

Ist das Brautpaar das schönste Ehepaar, welches du heute gesehen hast? ○ ☺ Ja ○ 😐 Nein

Ist die Brautkutsche bzw. der Brautwagen nach deinem Geschmack? ○ ☺ Ja ○ 😐 Nein

Gefällt dir die musikalische Auswahl von dieser Feier? ○ ☺ Ja ○ 😐 Nein

Wurde und wird heute ausreichend getanzt? ○ ☺ Ja ○ 😐 Nein

Kennst du mehr als 10% der Gäste vom heutigen Tag? ○ ☺ Ja ○ 😐 Nein

Kennst du weniger als 50% der Gäste vom heutigen Tag? ○ ☺ Ja ○ 😐 Nein

Trage hier bitte deine Wünsche für das Brautpaar ein:

Welches Zitat oder Gedicht magst du dem Brautpaar mit auf den Weg geben:

Dein aktuelles Lieblingslied lautet:

Mit wem hast du heute alles getanzt:

Was ist dein Lieblingsgetränk und hast du es heute auch getrunken:

Platz für großes Lob und kleine konstruktive Kritik:

Name des Gastes: _____

War die Vorbereitung auf diese Feier sehr anstrengend?	☺ Ja	☐	😐 Nein

War die Vorbereitung auf diese Feier sehr anstrengend? ○ ☺ Ja   ○ 😐 Nein

War die Anreise leicht und die Wegbeschreibung gut vorbereitet? ○ ☺ Ja   ○ 😐 Nein

Wie gefällt die Location (Kirche, Feierbereich und die allgemeine Örtlichkeit)? ○ ☺ Ja   ○ 😐 Nein

Gibt es Getränke und Essen nach deinem Geschmack? ○ ☺ Ja   ○ 😐 Nein

Ist das Brautpaar das schönste Ehepaar, welches du heute gesehen hast? ○ ☺ Ja   ○ 😐 Nein

Ist die Brautkutsche bzw. der Brautwagen nach deinem Geschmack? ○ ☺ Ja   ○ 😐 Nein

Gefällt dir die musikalische Auswahl von dieser Feier? ○ ☺ Ja   ○ 😐 Nein

Wurde und wird heute ausreichend getanzt? ○ ☺ Ja   ○ 😐 Nein

Kennst du mehr als 10% der Gäste vom heutigen Tag? ○ ☺ Ja   ○ 😐 Nein

Kennst du weniger als 50% der Gäste vom heutigen Tag? ○ ☺ Ja   ○ 😐 Nein

20

Trage hier bitte deine Wünsche für das Brautpaar ein:

_____

_____

Welches Zitat oder Gedicht magst du dem Brautpaar mit auf den Weg geben:

_____

_____

Dein aktuelles Lieblingslied lautet:

_____

Mit wem hast du heute alles getanzt:

_____

Was ist dein Lieblingsgetränk und hast du es heute auch getrunken:

_____

Platz für großes Lob und kleine konstruktive Kritik:

_____

_____

Name des Gastes: _____

War die Vorbereitung auf diese Feier sehr anstrengend? ☺ Ja 😐 Nein

War die Anreise leicht und die Wegbeschreibung gut vorbereitet? ☺ Ja 😐 Nein

Wie gefällt die Location (Kirche, Feierbereich und die allgemeine Örtlichkeit)? ☺ Ja 😐 Nein

Gibt es Getränke und Essen nach deinem Geschmack? ☺ Ja 😐 Nein

Ist das Brautpaar das schönste Ehepaar, welches du heute gesehen hast? ☺ Ja 😐 Nein

Ist die Brautkutsche bzw. der Brautwagen nach deinem Geschmack? ☺ Ja 😐 Nein

Gefällt dir die musikalische Auswahl von dieser Feier? ☺ Ja 😐 Nein

Wurde und wird heute ausreichend getanzt? ☺ Ja 😐 Nein

Kennst du mehr als 10% der Gäste vom heutigen Tag? ☺ Ja 😐 Nein

Kennst du weniger als 50% der Gäste vom heutigen Tag? ☺ Ja 😐 Nein

Trage hier bitte deine Wünsche für das Brautpaar ein:

Welches Zitat oder Gedicht magst du dem Brautpaar mit auf den Weg geben:

Dein aktuelles Lieblingslied lautet:

Mit wem hast du heute alles getanzt:

Was ist dein Lieblingsgetränk und hast du es heute auch getrunken:

Platz für großes Lob und kleine konstruktive Kritik:

Name des Gastes: _____

War die Vorbereitung auf diese Feier sehr anstrengend?   ◯ ☺ Ja   ◯ 😐 Nein

War die Anreise leicht und die Wegbeschreibung gut vorbereitet?   ◯ ☺ Ja   ◯ 😐 Nein

Wie gefällt die Location (Kirche, Feierbereich und die allgemeine Örtlichkeit)?   ◯ ☺ Ja   ◯ 😐 Nein

Gibt es Getränke und Essen nach deinem Geschmack?   ◯ ☺ Ja   ◯ 😐 Nein

Ist das Brautpaar das schönste Ehepaar, welches du heute gesehen hast?   ◯ ☺ Ja   ◯ 😐 Nein

Ist die Brautkutsche bzw. der Brautwagen nach deinem Geschmack?   ◯ ☺ Ja   ◯ 😐 Nein

Gefällt dir die musikalische Auswahl von dieser Feier?   ◯ ☺ Ja   ◯ 😐 Nein

Wurde und wird heute ausreichend getanzt?   ◯ ☺ Ja   ◯ 😐 Nein

Kennst du mehr als 10% der Gäste vom heutigen Tag?   ◯ ☺ Ja   ◯ 😐 Nein

Kennst du weniger als 50% der Gäste vom heutigen Tag?   ◯ ☺ Ja   ◯ 😐 Nein

Trage hier bitte deine Wünsche für das Brautpaar ein:

_____

_____

Welches Zitat oder Gedicht magst du dem Brautpaar mit auf den Weg geben:

_____

_____

Dein aktuelles Lieblingslied lautet:

_____

Mit wem hast du heute alles getanzt:

_____

Was ist dein Lieblingsgetränk und hast du es heute auch getrunken:

_____

Platz für großes Lob und kleine konstruktive Kritik:

_____

_____

Name des Gastes: _____

War die Vorbereitung auf diese Feier sehr anstrengend?   ○ ☺ Ja   ○ 😐 Nein

War die Anreise leicht und die Wegbeschreibung gut vorbereitet?   ○ ☺ Ja   ○ 😐 Nein

Wie gefällt die Location (Kirche, Feierbereich und die allgemeine Örtlichkeit)?   ○ ☺ Ja   ○ 😐 Nein

Gibt es Getränke und Essen nach deinem Geschmack?   ○ ☺ Ja   ○ 😐 Nein

Ist das Brautpaar das schönste Ehepaar, welches du heute gesehen hast?   ○ ☺ Ja   ○ 😐 Nein

Ist die Brautkutsche bzw. der Brautwagen nach deinem Geschmack?   ○ ☺ Ja   ○ 😐 Nein

Gefällt dir die musikalische Auswahl von dieser Feier?   ○ ☺ Ja   ○ 😐 Nein

Wurde und wird heute ausreichend getanzt?   ○ ☺ Ja   ○ 😐 Nein

Kennst du mehr als 10% der Gäste vom heutigen Tag?   ○ ☺ Ja   ○ 😐 Nein

Kennst du weniger als 50% der Gäste vom heutigen Tag?   ○ ☺ Ja   ○ 😐 Nein

Trage hier bitte deine Wünsche für das Brautpaar ein:

Welches Zitat oder Gedicht magst du dem Brautpaar mit auf den Weg geben:

Dein aktuelles Lieblingslied lautet:

Mit wem hast du heute alles getanzt:

Was ist dein Lieblingsgetränk und hast du es heute auch getrunken:

Platz für großes Lob und kleine konstruktive Kritik:

Name des Gastes: _____

War die Vorbereitung auf diese Feier sehr anstrengend?	○ 🙂	Ja	○ 😐 Nein
War die Anreise leicht und die Wegbeschreibung gut vorbereitet?	○ 🙂	Ja	○ 😐 Nein
Wie gefällt die Location (Kirche, Feierbereich und die allgemeine Örtlichkeit)?	○ 🙂	Ja	○ 😐 Nein
Gibt es Getränke und Essen nach deinem Geschmack?	○ 🙂	Ja	○ 😐 Nein
Ist das Brautpaar das schönste Ehepaar, welches du heute gesehen hast?	○ 🙂	Ja	○ 😐 Nein
Ist die Brautkutsche bzw. der Brautwagen nach deinem Geschmack?	○ 🙂	Ja	○ 😐 Nein
Gefällt dir die musikalische Auswahl von dieser Feier?	○ 🙂	Ja	○ 😐 Nein
Wurde und wird heute ausreichend getanzt?	○ 🙂	Ja	○ 😐 Nein
Kennst du mehr als 10% der Gäste vom heutigen Tag?	○ 🙂	Ja	○ 😐 Nein
Kennst du weniger als 50% der Gäste vom heutigen Tag?	○ 🙂	Ja	○ 😐 Nein

Trage hier bitte deine Wünsche für das Brautpaar ein:

Welches Zitat oder Gedicht magst du dem Brautpaar mit auf den Weg geben:

Dein aktuelles Lieblingslied lautet:

Mit wem hast du heute alles getanzt:

Was ist dein Lieblingsgetränk und hast du es heute auch getrunken:

Platz für großes Lob und kleine konstruktive Kritik:

Name des Gastes: _____

War die Vorbereitung auf diese Feier sehr anstrengend?   ○ ☺ Ja   ○ 😐 Nein

War die Anreise leicht und die Wegbeschreibung gut vorbereitet?   ○ ☺ Ja   ○ 😐 Nein

Wie gefällt die Location (Kirche, Feierbereich und die allgemeine Örtlichkeit)?   ○ ☺ Ja   ○ 😐 Nein

Gibt es Getränke und Essen nach deinem Geschmack?   ○ ☺ Ja   ○ 😐 Nein

Ist das Brautpaar das schönste Ehepaar, welches du heute gesehen hast?   ○ ☺ Ja   ○ 😐 Nein

Ist die Brautkutsche bzw. der Brautwagen nach deinem Geschmack?   ○ ☺ Ja   ○ 😐 Nein

Gefällt dir die musikalische Auswahl von dieser Feier?   ○ ☺ Ja   ○ 😐 Nein

Wurde und wird heute ausreichend getanzt?   ○ ☺ Ja   ○ 😐 Nein

Kennst du mehr als 10% der Gäste vom heutigen Tag?   ○ ☺ Ja   ○ 😐 Nein

Kennst du weniger als 50% der Gäste vom heutigen Tag?   ○ ☺ Ja   ○ 😐 Nein

Trage hier bitte deine Wünsche für das Brautpaar ein:

Welches Zitat oder Gedicht magst du dem Brautpaar mit auf den Weg geben:

Dein aktuelles Lieblingslied lautet:

Mit wem hast du heute alles getanzt:

Was ist dein Lieblingsgetränk und hast du es heute auch getrunken:

Platz für großes Lob und kleine konstruktive Kritik:

Name des Gastes: _____

War die Vorbereitung auf diese Feier sehr anstrengend? ◯ ☺ Ja ◯ 😐 Nein

War die Anreise leicht und die Wegbeschreibung gut vorbereitet? ◯ ☺ Ja ◯ 😐 Nein

Wie gefällt die Location (Kirche, Feierbereich und die allgemeine Örtlichkeit)? ◯ ☺ Ja ◯ 😐 Nein

Gibt es Getränke und Essen nach deinem Geschmack? ◯ ☺ Ja ◯ 😐 Nein

Ist das Brautpaar das schönste Ehepaar, welches du heute gesehen hast? ◯ ☺ Ja ◯ 😐 Nein

Ist die Brautkutsche bzw. der Brautwagen nach deinem Geschmack? ◯ ☺ Ja ◯ 😐 Nein

Gefällt dir die musikalische Auswahl von dieser Feier? ◯ ☺ Ja ◯ 😐 Nein

Wurde und wird heute ausreichend getanzt? ◯ ☺ Ja ◯ 😐 Nein

Kennst du mehr als 10% der Gäste vom heutigen Tag? ◯ ☺ Ja ◯ 😐 Nein

Kennst du weniger als 50% der Gäste vom heutigen Tag? ◯ ☺ Ja ◯ 😐 Nein

Trage hier bitte deine Wünsche für das Brautpaar ein:

Welches Zitat oder Gedicht magst du dem Brautpaar mit auf den Weg geben:

Dein aktuelles Lieblingslied lautet:

Mit wem hast du heute alles getanzt:

Was ist dein Lieblingsgetränk und hast du es heute auch getrunken:

Platz für großes Lob und kleine konstruktive Kritik:

Name des Gastes: _____

War die Vorbereitung auf diese Feier sehr anstrengend?	○ 🙂 Ja	○ 😐 Nein

War die Vorbereitung auf diese Feier sehr anstrengend? ○ 🙂 Ja ○ 😐 Nein

War die Anreise leicht und die Wegbeschreibung gut vorbereitet? ○ 🙂 Ja ○ 😐 Nein

Wie gefällt die Location (Kirche, Feierbereich und die allgemeine Örtlichkeit)? ○ 🙂 Ja ○ 😐 Nein

Gibt es Getränke und Essen nach deinem Geschmack? ○ 🙂 Ja ○ 😐 Nein

Ist das Brautpaar das schönste Ehepaar, welches du heute gesehen hast? ○ 🙂 Ja ○ 😐 Nein

Ist die Brautkutsche bzw. der Brautwagen nach deinem Geschmack? ○ 🙂 Ja ○ 😐 Nein

Gefällt dir die musikalische Auswahl von dieser Feier? ○ 🙂 Ja ○ 😐 Nein

Wurde und wird heute ausreichend getanzt? ○ 🙂 Ja ○ 😐 Nein

Kennst du mehr als 10% der Gäste vom heutigen Tag? ○ 🙂 Ja ○ 😐 Nein

Kennst du weniger als 50% der Gäste vom heutigen Tag? ○ 🙂 Ja ○ 😐 Nein

Trage hier bitte deine Wünsche für das Brautpaar ein:

Welches Zitat oder Gedicht magst du dem Brautpaar mit auf den Weg geben:

Dein aktuelles Lieblingslied lautet:

Mit wem hast du heute alles getanzt:

Was ist dein Lieblingsgetränk und hast du es heute auch getrunken:

Platz für großes Lob und kleine konstruktive Kritik:

Name des Gastes: _____

War die Vorbereitung auf diese Feier sehr anstrengend?   ○ 🙂 Ja   ○ 😐 Nein

War die Anreise leicht und die Wegbeschreibung gut vorbereitet?   ○ 🙂 Ja   ○ 😐 Nein

Wie gefällt die Location (Kirche, Feierbereich und die allgemeine Örtlichkeit)?   ○ 🙂 Ja   ○ 😐 Nein

Gibt es Getränke und Essen nach deinem Geschmack?   ○ 🙂 Ja   ○ 😐 Nein

Ist das Brautpaar das schönste Ehepaar, welches du heute gesehen hast?   ○ 🙂 Ja   ○ 😐 Nein

Ist die Brautkutsche bzw. der Brautwagen nach deinem Geschmack?   ○ 🙂 Ja   ○ 😐 Nein

Gefällt dir die musikalische Auswahl von dieser Feier?   ○ 🙂 Ja   ○ 😐 Nein

Wurde und wird heute ausreichend getanzt?   ○ 🙂 Ja   ○ 😐 Nein

Kennst du mehr als 10% der Gäste vom heutigen Tag?   ○ 🙂 Ja   ○ 😐 Nein

Kennst du weniger als 50% der Gäste vom heutigen Tag?   ○ 🙂 Ja   ○ 😐 Nein

Trage hier bitte deine Wünsche für das Brautpaar ein:

Welches Zitat oder Gedicht magst du dem Brautpaar mit auf den Weg geben:

Dein aktuelles Lieblingslied lautet:

Mit wem hast du heute alles getanzt:

Was ist dein Lieblingsgetränk und hast du es heute auch getrunken:

Platz für großes Lob und kleine konstruktive Kritik:

Name des Gastes: _____

War die Vorbereitung auf diese Feier sehr anstrengend?   ⊙ 🙂 Ja   ⊙ 😐 Nein

War die Anreise leicht und die Wegbeschreibung gut vorbereitet?   ⊙ 🙂 Ja   ⊙ 😐 Nein

Wie gefällt die Location (Kirche, Feierbereich und die allgemeine Örtlichkeit)?   ⊙ 🙂 Ja   ⊙ 😐 Nein

Gibt es Getränke und Essen nach deinem Geschmack?   ⊙ 🙂 Ja   ⊙ 😐 Nein

Ist das Brautpaar das schönste Ehepaar, welches du heute gesehen hast?   ⊙ 🙂 Ja   ⊙ 😐 Nein

Ist die Brautkutsche bzw. der Brautwagen nach deinem Geschmack?   ⊙ 🙂 Ja   ⊙ 😐 Nein

Gefällt dir die musikalische Auswahl von dieser Feier?   ⊙ 🙂 Ja   ⊙ 😐 Nein

Wurde und wird heute ausreichend getanzt?   ⊙ 🙂 Ja   ⊙ 😐 Nein

Kennst du mehr als 10% der Gäste vom heutigen Tag?   ⊙ 🙂 Ja   ⊙ 😐 Nein

Kennst du weniger als 50% der Gäste vom heutigen Tag?   ⊙ 🙂 Ja   ⊙ 😐 Nein

Trage hier bitte deine Wünsche für das Brautpaar ein:

Welches Zitat oder Gedicht magst du dem Brautpaar mit auf den Weg geben:

Dein aktuelles Lieblingslied lautet:

Mit wem hast du heute alles getanzt:

Was ist dein Lieblingsgetränk und hast du es heute auch getrunken:

Platz für großes Lob und kleine konstruktive Kritik:

Name des Gastes: _____

War die Vorbereitung auf diese Feier sehr anstrengend?	○ 🙂 Ja	○ 😐 Nein
War die Anreise leicht und die Wegbeschreibung gut vorbereitet?	○ 🙂 Ja	○ 😐 Nein
Wie gefällt die Location (Kirche, Feierbereich und die allgemeine Örtlichkeit)?	○ 🙂 Ja	○ 😐 Nein
Gibt es Getränke und Essen nach deinem Geschmack?	○ 🙂 Ja	○ 😐 Nein
Ist das Brautpaar das schönste Ehepaar, welches du heute gesehen hast?	○ 🙂 Ja	○ 😐 Nein
Ist die Brautkutsche bzw. der Brautwagen nach deinem Geschmack?	○ 🙂 Ja	○ 😐 Nein
Gefällt dir die musikalische Auswahl von dieser Feier?	○ 🙂 Ja	○ 😐 Nein
Wurde und wird heute ausreichend getanzt?	○ 🙂 Ja	○ 😐 Nein
Kennst du mehr als 10% der Gäste vom heutigen Tag?	○ 🙂 Ja	○ 😐 Nein
Kennst du weniger als 50% der Gäste vom heutigen Tag?	○ 🙂 Ja	○ 😐 Nein

Trage hier bitte deine Wünsche für das Brautpaar ein:

Welches Zitat oder Gedicht magst du dem Brautpaar mit auf den Weg geben:

Dein aktuelles Lieblingslied lautet:

Mit wem hast du heute alles getanzt:

Was ist dein Lieblingsgetränk und hast du es heute auch getrunken:

Platz für großes Lob und kleine konstruktive Kritik:

Name des Gastes: _____

War die Vorbereitung auf diese Feier sehr anstrengend? ⃝ ☺ Ja ⃝ 😐 Nein

War die Anreise leicht und die Wegbeschreibung gut vorbereitet? ⃝ ☺ Ja ⃝ 😐 Nein

Wie gefällt die Location (Kirche, Feierbereich und die allgemeine Örtlichkeit)? ⃝ ☺ Ja ⃝ 😐 Nein

Gibt es Getränke und Essen nach deinem Geschmack? ⃝ ☺ Ja ⃝ 😐 Nein

Ist das Brautpaar das schönste Ehepaar, welches du heute gesehen hast? ⃝ ☺ Ja ⃝ 😐 Nein

Ist die Brautkutsche bzw. der Brautwagen nach deinem Geschmack? ⃝ ☺ Ja ⃝ 😐 Nein

Gefällt dir die musikalische Auswahl von dieser Feier? ⃝ ☺ Ja ⃝ 😐 Nein

Wurde und wird heute ausreichend getanzt? ⃝ ☺ Ja ⃝ 😐 Nein

Kennst du mehr als 10% der Gäste vom heutigen Tag? ⃝ ☺ Ja ⃝ 😐 Nein

Kennst du weniger als 50% der Gäste vom heutigen Tag? ⃝ ☺ Ja ⃝ 😐 Nein

Trage hier bitte deine Wünsche für das Brautpaar ein:

_____

_____

Welches Zitat oder Gedicht magst du dem Brautpaar mit auf den Weg geben:

_____

_____

Dein aktuelles Lieblingslied lautet:

_____

Mit wem hast du heute alles getanzt:

_____

Was ist dein Lieblingsgetränk und hast du es heute auch getrunken:

_____

Platz für großes Lob und kleine konstruktive Kritik:

_____

_____

Name des Gastes:

War die Vorbereitung auf diese Feier sehr anstrengend? ○ ☺ Ja ○ 😐 Nein

War die Anreise leicht und die Wegbeschreibung gut vorbereitet? ○ ☺ Ja ○ 😐 Nein

Wie gefällt die Location (Kirche, Feierbereich und die allgemeine Örtlichkeit)? ○ ☺ Ja ○ 😐 Nein

Gibt es Getränke und Essen nach deinem Geschmack? ○ ☺ Ja ○ 😐 Nein

Ist das Brautpaar das schönste Ehepaar, welches du heute gesehen hast? ○ ☺ Ja ○ 😐 Nein

Ist die Brautkutsche bzw. der Brautwagen nach deinem Geschmack? ○ ☺ Ja ○ 😐 Nein

Gefällt dir die musikalische Auswahl von dieser Feier? ○ ☺ Ja ○ 😐 Nein

Wurde und wird heute ausreichend getanzt? ○ ☺ Ja ○ 😐 Nein

Kennst du mehr als 10% der Gäste vom heutigen Tag? ○ ☺ Ja ○ 😐 Nein

Kennst du weniger als 50% der Gäste vom heutigen Tag? ○ ☺ Ja ○ 😐 Nein

Trage hier bitte deine Wünsche für das Brautpaar ein:

_____

_____

Welches Zitat oder Gedicht magst du dem Brautpaar mit auf den Weg geben:

_____

_____

Dein aktuelles Lieblingslied lautet:

_____

Mit wem hast du heute alles getanzt:

_____

Was ist dein Lieblingsgetränk und hast du es heute auch getrunken:

_____

Platz für großes Lob und kleine konstruktive Kritik:

_____

_____

Name des Gastes: _____

War die Vorbereitung auf diese Feier sehr anstrengend? ◯ 🙂 Ja ◯ 😐 Nein

War die Anreise leicht und die Wegbeschreibung gut vorbereitet? ◯ 🙂 Ja ◯ 😐 Nein

Wie gefällt die Location (Kirche, Feierbereich und die allgemeine Örtlichkeit)? ◯ 🙂 Ja ◯ 😐 Nein

Gibt es Getränke und Essen nach deinem Geschmack? ◯ 🙂 Ja ◯ 😐 Nein

Ist das Brautpaar das schönste Ehepaar, welches du heute gesehen hast? ◯ 🙂 Ja ◯ 😐 Nein

Ist die Brautkutsche bzw. der Brautwagen nach deinem Geschmack? ◯ 🙂 Ja ◯ 😐 Nein

Gefällt dir die musikalische Auswahl von dieser Feier? ◯ 🙂 Ja ◯ 😐 Nein

Wurde und wird heute ausreichend getanzt? ◯ 🙂 Ja ◯ 😐 Nein

Kennst du mehr als 10% der Gäste vom heutigen Tag? ◯ 🙂 Ja ◯ 😐 Nein

Kennst du weniger als 50% der Gäste vom heutigen Tag? ◯ 🙂 Ja ◯ 😐 Nein

Trage hier bitte deine Wünsche für das Brautpaar ein:

_____

_____

Welches Zitat oder Gedicht magst du dem Brautpaar mit auf den Weg geben:

_____

_____

Dein aktuelles Lieblingslied lautet:

_____

Mit wem hast du heute alles getanzt:

_____

Was ist dein Lieblingsgetränk und hast du es heute auch getrunken:

_____

Platz für großes Lob und kleine konstruktive Kritik:

_____

_____

Name des Gastes:

War die Vorbereitung auf diese Feier sehr anstrengend?   ◯ 🙂 Ja   ◯ 😐 Nein

War die Anreise leicht und die Wegbeschreibung gut vorbereitet?   ◯ 🙂 Ja   ◯ 😐 Nein

Wie gefällt die Location (Kirche, Feierbereich und die allgemeine Örtlichkeit)?   ◯ 🙂 Ja   ◯ 😐 Nein

Gibt es Getränke und Essen nach deinem Geschmack?   ◯ 🙂 Ja   ◯ 😐 Nein

Ist das Brautpaar das schönste Ehepaar, welches du heute gesehen hast?   ◯ 🙂 Ja   ◯ 😐 Nein

Ist die Brautkutsche bzw. der Brautwagen nach deinem Geschmack?   ◯ 🙂 Ja   ◯ 😐 Nein

Gefällt dir die musikalische Auswahl von dieser Feier?   ◯ 🙂 Ja   ◯ 😐 Nein

Wurde und wird heute ausreichend getanzt?   ◯ 🙂 Ja   ◯ 😐 Nein

Kennst du mehr als 10% der Gäste vom heutigen Tag?   ◯ 🙂 Ja   ◯ 😐 Nein

Kennst du weniger als 50% der Gäste vom heutigen Tag?   ◯ 🙂 Ja   ◯ 😐 Nein

Trage hier bitte deine Wünsche für das Brautpaar ein:

Welches Zitat oder Gedicht magst du dem Brautpaar mit auf den Weg geben:

Dein aktuelles Lieblingslied lautet:

Mit wem hast du heute alles getanzt:

Was ist dein Lieblingsgetränk und hast du es heute auch getrunken:

Platz für großes Lob und kleine konstruktive Kritik:

Name des Gastes: _____

War die Vorbereitung auf diese Feier sehr anstrengend? ☺ Ja   😐 Nein

War die Anreise leicht und die Wegbeschreibung gut vorbereitet? ☺ Ja   😐 Nein

Wie gefällt die Location (Kirche, Feierbereich und die allgemeine Örtlichkeit)? ☺ Ja   😐 Nein

Gibt es Getränke und Essen nach deinem Geschmack? ☺ Ja   😐 Nein

Ist das Brautpaar das schönste Ehepaar, welches du heute gesehen hast? ☺ Ja   😐 Nein

Ist die Brautkutsche bzw. der Brautwagen nach deinem Geschmack? ☺ Ja   😐 Nein

Gefällt dir die musikalische Auswahl von dieser Feier? ☺ Ja   😐 Nein

Wurde und wird heute ausreichend getanzt? ☺ Ja   😐 Nein

Kennst du mehr als 10% der Gäste vom heutigen Tag? ☺ Ja   😐 Nein

Kennst du weniger als 50% der Gäste vom heutigen Tag? ☺ Ja   😐 Nein

Trage hier bitte deine Wünsche für das Brautpaar ein:

_____

_____

Welches Zitat oder Gedicht magst du dem Brautpaar mit auf den Weg geben:

_____

_____

Dein aktuelles Lieblingslied lautet:

_____

Mit wem hast du heute alles getanzt:

_____

Was ist dein Lieblingsgetränk und hast du es heute auch getrunken:

_____

Platz für großes Lob und kleine konstruktive Kritik:

_____

_____

Name des Gastes: _____

War die Vorbereitung auf diese Feier sehr anstrengend? ◯ ☺ Ja ◯ 😐 Nein

War die Anreise leicht und die Wegbeschreibung gut vorbereitet? ◯ ☺ Ja ◯ 😐 Nein

Wie gefällt die Location (Kirche, Feierbereich und die allgemeine Örtlichkeit)? ◯ ☺ Ja ◯ 😐 Nein

Gibt es Getränke und Essen nach deinem Geschmack? ◯ ☺ Ja ◯ 😐 Nein

Ist das Brautpaar das schönste Ehepaar, welches du heute gesehen hast? ◯ ☺ Ja ◯ 😐 Nein

Ist die Brautkutsche bzw. der Brautwagen nach deinem Geschmack? ◯ ☺ Ja ◯ 😐 Nein

Gefällt dir die musikalische Auswahl von dieser Feier? ◯ ☺ Ja ◯ 😐 Nein

Wurde und wird heute ausreichend getanzt? ◯ ☺ Ja ◯ 😐 Nein

Kennst du mehr als 10% der Gäste vom heutigen Tag? ◯ ☺ Ja ◯ 😐 Nein

Kennst du weniger als 50% der Gäste vom heutigen Tag? ◯ ☺ Ja ◯ 😐 Nein

Trage hier bitte deine Wünsche für das Brautpaar ein:

_____

_____

Welches Zitat oder Gedicht magst du dem Brautpaar mit auf den Weg geben:

_____

_____

Dein aktuelles Lieblingslied lautet:

_____

Mit wem hast du heute alles getanzt:

_____

Was ist dein Lieblingsgetränk und hast du es heute auch getrunken:

_____

Platz für großes Lob und kleine konstruktive Kritik:

_____

_____

Name des Gastes:

War die Vorbereitung auf diese Feier sehr anstrengend? ○ ☺ Ja ○ 😐 Nein

War die Anreise leicht und die Wegbeschreibung gut vorbereitet? ○ ☺ Ja ○ 😐 Nein

Wie gefällt die Location (Kirche, Feierbereich und die allgemeine Örtlichkeit)? ○ ☺ Ja ○ 😐 Nein

Gibt es Getränke und Essen nach deinem Geschmack? ○ ☺ Ja ○ 😐 Nein

Ist das Brautpaar das schönste Ehepaar, welches du heute gesehen hast? ○ ☺ Ja ○ 😐 Nein

Ist die Brautkutsche bzw. der Brautwagen nach deinem Geschmack? ○ ☺ Ja ○ 😐 Nein

Gefällt dir die musikalische Auswahl von dieser Feier? ○ ☺ Ja ○ 😐 Nein

Wurde und wird heute ausreichend getanzt? ○ ☺ Ja ○ 😐 Nein

Kennst du mehr als 10% der Gäste vom heutigen Tag? ○ ☺ Ja ○ 😐 Nein

Kennst du weniger als 50% der Gäste vom heutigen Tag? ○ ☺ Ja ○ 😐 Nein

Trage hier bitte deine Wünsche für das Brautpaar ein:

Welches Zitat oder Gedicht magst du dem Brautpaar mit auf den Weg geben:

Dein aktuelles Lieblingslied lautet:

Mit wem hast du heute alles getanzt:

Was ist dein Lieblingsgetränk und hast du es heute auch getrunken:

Platz für großes Lob und kleine konstruktive Kritik:

Name des Gastes: _____

War die Vorbereitung auf diese Feier sehr anstrengend?   ○ 🙂 Ja   ○ 😐 Nein

War die Anreise leicht und die Wegbeschreibung gut vorbereitet?   ○ 🙂 Ja   ○ 😐 Nein

Wie gefällt die Location (Kirche, Feierbereich und die allgemeine Örtlichkeit)?   ○ 🙂 Ja   ○ 😐 Nein

Gibt es Getränke und Essen nach deinem Geschmack?   ○ 🙂 Ja   ○ 😐 Nein

Ist das Brautpaar das schönste Ehepaar, welches du heute gesehen hast?   ○ 🙂 Ja   ○ 😐 Nein

Ist die Brautkutsche bzw. der Brautwagen nach deinem Geschmack?   ○ 🙂 Ja   ○ 😐 Nein

Gefällt dir die musikalische Auswahl von dieser Feier?   ○ 🙂 Ja   ○ 😐 Nein

Wurde und wird heute ausreichend getanzt?   ○ 🙂 Ja   ○ 😐 Nein

Kennst du mehr als 10% der Gäste vom heutigen Tag?   ○ 🙂 Ja   ○ 😐 Nein

Kennst du weniger als 50% der Gäste vom heutigen Tag?   ○ 🙂 Ja   ○ 😐 Nein

Trage hier bitte deine Wünsche für das Brautpaar ein:

Welches Zitat oder Gedicht magst du dem Brautpaar mit auf den Weg geben:

Dein aktuelles Lieblingslied lautet:

Mit wem hast du heute alles getanzt:

Was ist dein Lieblingsgetränk und hast du es heute auch getrunken:

Platz für großes Lob und kleine konstruktive Kritik:

Name des Gastes: _____

War die Vorbereitung auf diese Feier sehr anstrengend?	○ ☺	Ja	○ 😐 Nein

War die Vorbereitung auf diese Feier sehr anstrengend? ○ ☺ Ja ○ 😐 Nein

War die Anreise leicht und die Wegbeschreibung gut vorbereitet? ○ ☺ Ja ○ 😐 Nein

Wie gefällt die Location (Kirche, Feierbereich und die allgemeine Örtlichkeit)? ○ ☺ Ja ○ 😐 Nein

Gibt es Getränke und Essen nach deinem Geschmack? ○ ☺ Ja ○ 😐 Nein

Ist das Brautpaar das schönste Ehepaar, welches du heute gesehen hast? ○ ☺ Ja ○ 😐 Nein

Ist die Brautkutsche bzw. der Brautwagen nach deinem Geschmack? ○ ☺ Ja ○ 😐 Nein

Gefällt dir die musikalische Auswahl von dieser Feier? ○ ☺ Ja ○ 😐 Nein

Wurde und wird heute ausreichend getanzt? ○ ☺ Ja ○ 😐 Nein

Kennst du mehr als 10% der Gäste vom heutigen Tag? ○ ☺ Ja ○ 😐 Nein

Kennst du weniger als 50% der Gäste vom heutigen Tag? ○ ☺ Ja ○ 😐 Nein

Trage hier bitte deine Wünsche für das Brautpaar ein:

_____

_____

Welches Zitat oder Gedicht magst du dem Brautpaar mit auf den Weg geben:

_____

_____

Dein aktuelles Lieblingslied lautet:

_____

Mit wem hast du heute alles getanzt:

_____

Was ist dein Lieblingsgetränk und hast du es heute auch getrunken:

_____

Platz für großes Lob und kleine konstruktive Kritik:

_____

_____

Name des Gastes: _____

War die Vorbereitung auf diese Feier sehr anstrengend? ○ ☺ Ja ○ 😐 Nein

War die Anreise leicht und die Wegbeschreibung gut vorbereitet? ○ ☺ Ja ○ 😐 Nein

Wie gefällt die Location (Kirche, Feierbereich und die allgemeine Örtlichkeit)? ○ ☺ Ja ○ 😐 Nein

Gibt es Getränke und Essen nach deinem Geschmack? ○ ☺ Ja ○ 😐 Nein

Ist das Brautpaar das schönste Ehepaar, welches du heute gesehen hast? ○ ☺ Ja ○ 😐 Nein

Ist die Brautkutsche bzw. der Brautwagen nach deinem Geschmack? ○ ☺ Ja ○ 😐 Nein

Gefällt dir die musikalische Auswahl von dieser Feier? ○ ☺ Ja ○ 😐 Nein

Wurde und wird heute ausreichend getanzt? ○ ☺ Ja ○ 😐 Nein

Kennst du mehr als 10% der Gäste vom heutigen Tag? ○ ☺ Ja ○ 😐 Nein

Kennst du weniger als 50% der Gäste vom heutigen Tag? ○ ☺ Ja ○ 😐 Nein

Trage hier bitte deine Wünsche für das Brautpaar ein:

Welches Zitat oder Gedicht magst du dem Brautpaar mit auf den Weg geben:

Dein aktuelles Lieblingslied lautet:

Mit wem hast du heute alles getanzt:

Was ist dein Lieblingsgetränk und hast du es heute auch getrunken:

Platz für großes Lob und kleine konstruktive Kritik:

Name des Gastes: _____

War die Vorbereitung auf diese Feier sehr anstrengend?	○	☺ Ja	○	😐 Nein

War die Vorbereitung auf diese Feier sehr anstrengend? ○ ☺ Ja   ○ 😐 Nein

War die Anreise leicht und die Wegbeschreibung gut vorbereitet? ○ ☺ Ja   ○ 😐 Nein

Wie gefällt die Location (Kirche, Feierbereich und die allgemeine Örtlichkeit)? ○ ☺ Ja   ○ 😐 Nein

Gibt es Getränke und Essen nach deinem Geschmack? ○ ☺ Ja   ○ 😐 Nein

Ist das Brautpaar das schönste Ehepaar, welches du heute gesehen hast? ○ ☺ Ja   ○ 😐 Nein

Ist die Brautkutsche bzw. der Brautwagen nach deinem Geschmack? ○ ☺ Ja   ○ 😐 Nein

Gefällt dir die musikalische Auswahl von dieser Feier? ○ ☺ Ja   ○ 😐 Nein

Wurde und wird heute ausreichend getanzt? ○ ☺ Ja   ○ 😐 Nein

Kennst du mehr als 10% der Gäste vom heutigen Tag? ○ ☺ Ja   ○ 😐 Nein

Kennst du weniger als 50% der Gäste vom heutigen Tag? ○ ☺ Ja   ○ 😐 Nein

Trage hier bitte deine Wünsche für das Brautpaar ein:

_____

_____

Welches Zitat oder Gedicht magst du dem Brautpaar mit auf den Weg geben:

_____

_____

Dein aktuelles Lieblingslied lautet:

_____

Mit wem hast du heute alles getanzt:

_____

Was ist dein Lieblingsgetränk und hast du es heute auch getrunken:

_____

Platz für großes Lob und kleine konstruktive Kritik:

_____

_____

Name des Gastes: _____

War die Vorbereitung auf diese Feier sehr anstrengend?	○	☺ Ja	○	😐 Nein

War die Vorbereitung auf diese Feier sehr anstrengend? ○ ☺ Ja ○ 😐 Nein

War die Anreise leicht und die Wegbeschreibung gut vorbereitet? ○ ☺ Ja ○ 😐 Nein

Wie gefällt die Location (Kirche, Feierbereich und die allgemeine Örtlichkeit)? ○ ☺ Ja ○ 😐 Nein

Gibt es Getränke und Essen nach deinem Geschmack? ○ ☺ Ja ○ 😐 Nein

Ist das Brautpaar das schönste Ehepaar, welches du heute gesehen hast? ○ ☺ Ja ○ 😐 Nein

Ist die Brautkutsche bzw. der Brautwagen nach deinem Geschmack? ○ ☺ Ja ○ 😐 Nein

Gefällt dir die musikalische Auswahl von dieser Feier? ○ ☺ Ja ○ 😐 Nein

Wurde und wird heute ausreichend getanzt? ○ ☺ Ja ○ 😐 Nein

Kennst du mehr als 10% der Gäste vom heutigen Tag? ○ ☺ Ja ○ 😐 Nein

Kennst du weniger als 50% der Gäste vom heutigen Tag? ○ ☺ Ja ○ 😐 Nein

Trage hier bitte deine Wünsche für das Brautpaar ein:

Welches Zitat oder Gedicht magst du dem Brautpaar mit auf den Weg geben:

Dein aktuelles Lieblingslied lautet:

Mit wem hast du heute alles getanzt:

Was ist dein Lieblingsgetränk und hast du es heute auch getrunken:

Platz für großes Lob und kleine konstruktive Kritik:

Name des Gastes:

War die Vorbereitung auf diese Feier sehr anstrengend? ☺ Ja 😐 Nein

War die Anreise leicht und die Wegbeschreibung gut vorbereitet? ☺ Ja 😐 Nein

Wie gefällt die Location (Kirche, Feierbereich und die allgemeine Örtlichkeit)? ☺ Ja 😐 Nein

Gibt es Getränke und Essen nach deinem Geschmack? ☺ Ja 😐 Nein

Ist das Brautpaar das schönste Ehepaar, welches du heute gesehen hast? ☺ Ja 😐 Nein

Ist die Brautkutsche bzw. der Brautwagen nach deinem Geschmack? ☺ Ja 😐 Nein

Gefällt dir die musikalische Auswahl von dieser Feier? ☺ Ja 😐 Nein

Wurde und wird heute ausreichend getanzt? ☺ Ja 😐 Nein

Kennst du mehr als 10% der Gäste vom heutigen Tag? ☺ Ja 😐 Nein

Kennst du weniger als 50% der Gäste vom heutigen Tag? ☺ Ja 😐 Nein

Trage hier bitte deine Wünsche für das Brautpaar ein:

_____

_____

Welches Zitat oder Gedicht magst du dem Brautpaar mit auf den Weg geben:

_____

_____

Dein aktuelles Lieblingslied lautet:

_____

Mit wem hast du heute alles getanzt:

_____

Was ist dein Lieblingsgetränk und hast du es heute auch getrunken:

_____

Platz für großes Lob und kleine konstruktive Kritik:

_____

_____

Name des Gastes: _____

War die Vorbereitung auf diese Feier sehr anstrengend?	○ ☺ Ja	○ 😐 Nein
War die Anreise leicht und die Wegbeschreibung gut vorbereitet?	○ ☺ Ja	○ 😐 Nein
Wie gefällt die Location (Kirche, Feierbereich und die allgemeine Örtlichkeit)?	○ ☺ Ja	○ 😐 Nein
Gibt es Getränke und Essen nach deinem Geschmack?	○ ☺ Ja	○ 😐 Nein
Ist das Brautpaar das schönste Ehepaar, welches du heute gesehen hast?	○ ☺ Ja	○ 😐 Nein
Ist die Brautkutsche bzw. der Brautwagen nach deinem Geschmack?	○ ☺ Ja	○ 😐 Nein
Gefällt dir die musikalische Auswahl von dieser Feier?	○ ☺ Ja	○ 😐 Nein
Wurde und wird heute ausreichend getanzt?	○ ☺ Ja	○ 😐 Nein
Kennst du mehr als 10% der Gäste vom heutigen Tag?	○ ☺ Ja	○ 😐 Nein
Kennst du weniger als 50% der Gäste vom heutigen Tag?	○ ☺ Ja	○ 😐 Nein

Trage hier bitte deine Wünsche für das Brautpaar ein:

Welches Zitat oder Gedicht magst du dem Brautpaar mit auf den Weg geben:

Dein aktuelles Lieblingslied lautet:

Mit wem hast du heute alles getanzt:

Was ist dein Lieblingsgetränk und hast du es heute auch getrunken:

Platz für großes Lob und kleine konstruktive Kritik:

Name des Gastes:

War die Vorbereitung auf diese Feier sehr anstrengend?   ○ ☺ Ja   ○ 😐 Nein

War die Anreise leicht und die Wegbeschreibung gut vorbereitet?   ○ ☺ Ja   ○ 😐 Nein

Wie gefällt die Location (Kirche, Feierbereich und die allgemeine Örtlichkeit)?   ○ ☺ Ja   ○ 😐 Nein

Gibt es Getränke und Essen nach deinem Geschmack?   ○ ☺ Ja   ○ 😐 Nein

Ist das Brautpaar das schönste Ehepaar, welches du heute gesehen hast?   ○ ☺ Ja   ○ 😐 Nein

Ist die Brautkutsche bzw. der Brautwagen nach deinem Geschmack?   ○ ☺ Ja   ○ 😐 Nein

Gefällt dir die musikalische Auswahl von dieser Feier?   ○ ☺ Ja   ○ 😐 Nein

Wurde und wird heute ausreichend getanzt?   ○ ☺ Ja   ○ 😐 Nein

Kennst du mehr als 10% der Gäste vom heutigen Tag?   ○ ☺ Ja   ○ 😐 Nein

Kennst du weniger als 50% der Gäste vom heutigen Tag?   ○ ☺ Ja   ○ 😐 Nein

Trage hier bitte deine Wünsche für das Brautpaar ein:

_____

_____

Welches Zitat oder Gedicht magst du dem Brautpaar mit auf den Weg geben:

_____

_____

Dein aktuelles Lieblingslied lautet:

_____

Mit wem hast du heute alles getanzt:

_____

Was ist dein Lieblingsgetränk und hast du es heute auch getrunken:

_____

Platz für großes Lob und kleine konstruktive Kritik:

_____

_____

Name des Gastes: _____

War die Vorbereitung auf diese Feier sehr anstrengend? ☺ Ja ☺ Nein

War die Anreise leicht und die Wegbeschreibung gut vorbereitet? ☺ Ja ☺ Nein

Wie gefällt die Location (Kirche, Feierbereich und die allgemeine Örtlichkeit)? ☺ Ja ☺ Nein

Gibt es Getränke und Essen nach deinem Geschmack? ☺ Ja ☺ Nein

Ist das Brautpaar das schönste Ehepaar, welches du heute gesehen hast? ☺ Ja ☺ Nein

Ist die Brautkutsche bzw. der Brautwagen nach deinem Geschmack? ☺ Ja ☺ Nein

Gefällt dir die musikalische Auswahl von dieser Feier? ☺ Ja ☺ Nein

Wurde und wird heute ausreichend getanzt? ☺ Ja ☺ Nein

Kennst du mehr als 10% der Gäste vom heutigen Tag? ☺ Ja ☺ Nein

Kennst du weniger als 50% der Gäste vom heutigen Tag? ☺ Ja ☺ Nein

Trage hier bitte deine Wünsche für das Brautpaar ein:

_____

_____

Welches Zitat oder Gedicht magst du dem Brautpaar mit auf den Weg geben:

_____

_____

Dein aktuelles Lieblingslied lautet:

_____

Mit wem hast du heute alles getanzt:

_____

Was ist dein Lieblingsgetränk und hast du es heute auch getrunken:

_____

Platz für großes Lob und kleine konstruktive Kritik:

_____

_____

Name des Gastes: _____

War die Vorbereitung auf diese Feier sehr anstrengend? ☺ Ja ☹ Nein

War die Anreise leicht und die Wegbeschreibung gut vorbereitet? ☺ Ja ☹ Nein

Wie gefällt die Location (Kirche, Feierbereich und die allgemeine Örtlichkeit)? ☺ Ja ☹ Nein

Gibt es Getränke und Essen nach deinem Geschmack? ☺ Ja ☹ Nein

Ist das Brautpaar das schönste Ehepaar, welches du heute gesehen hast? ☺ Ja ☹ Nein

Ist die Brautkutsche bzw. der Brautwagen nach deinem Geschmack? ☺ Ja ☹ Nein

Gefällt dir die musikalische Auswahl von dieser Feier? ☺ Ja ☹ Nein

Wurde und wird heute ausreichend getanzt? ☺ Ja ☹ Nein

Kennst du mehr als 10% der Gäste vom heutigen Tag? ☺ Ja ☹ Nein

Kennst du weniger als 50% der Gäste vom heutigen Tag? ☺ Ja ☹ Nein

Trage hier bitte deine Wünsche für das Brautpaar ein:

_____

_____

Welches Zitat oder Gedicht magst du dem Brautpaar mit auf den Weg geben:

_____

_____

Dein aktuelles Lieblingslied lautet:

_____

Mit wem hast du heute alles getanzt:

_____

Was ist dein Lieblingsgetränk und hast du es heute auch getrunken:

_____

Platz für großes Lob und kleine konstruktive Kritik:

_____

_____

Name des Gastes: _____

War die Vorbereitung auf diese Feier sehr anstrengend?   ○ 🙂 Ja   ○ 😐 Nein

War die Anreise leicht und die Wegbeschreibung gut vorbereitet?   ○ 🙂 Ja   ○ 😐 Nein

Wie gefällt die Location (Kirche, Feierbereich und die allgemeine Örtlichkeit)?   ○ 🙂 Ja   ○ 😐 Nein

Gibt es Getränke und Essen nach deinem Geschmack?   ○ 🙂 Ja   ○ 😐 Nein

Ist das Brautpaar das schönste Ehepaar, welches du heute gesehen hast?   ○ 🙂 Ja   ○ 😐 Nein

Ist die Brautkutsche bzw. der Brautwagen nach deinem Geschmack?   ○ 🙂 Ja   ○ 😐 Nein

Gefällt dir die musikalische Auswahl von dieser Feier?   ○ 🙂 Ja   ○ 😐 Nein

Wurde und wird heute ausreichend getanzt?   ○ 🙂 Ja   ○ 😐 Nein

Kennst du mehr als 10% der Gäste vom heutigen Tag?   ○ 🙂 Ja   ○ 😐 Nein

Kennst du weniger als 50% der Gäste vom heutigen Tag?   ○ 🙂 Ja   ○ 😐 Nein

Trage hier bitte deine Wünsche für das Brautpaar ein:

Welches Zitat oder Gedicht magst du dem Brautpaar mit auf den Weg geben:

Dein aktuelles Lieblingslied lautet:

Mit wem hast du heute alles getanzt:

Was ist dein Lieblingsgetränk und hast du es heute auch getrunken:

Platz für großes Lob und kleine konstruktive Kritik:

Name des Gastes: _____

War die Vorbereitung auf diese Feier sehr anstrengend? ○ 😊 Ja ○ 😐 Nein

War die Anreise leicht und die Wegbeschreibung gut vorbereitet? ○ 😊 Ja ○ 😐 Nein

Wie gefällt die Location (Kirche, Feierbereich und die allgemeine Örtlichkeit)? ○ 😊 Ja ○ 😐 Nein

Gibt es Getränke und Essen nach deinem Geschmack? ○ 😊 Ja ○ 😐 Nein

Ist das Brautpaar das schönste Ehepaar, welches du heute gesehen hast? ○ 😊 Ja ○ 😐 Nein

Ist die Brautkutsche bzw. der Brautwagen nach deinem Geschmack? ○ 😊 Ja ○ 😐 Nein

Gefällt dir die musikalische Auswahl von dieser Feier? ○ 😊 Ja ○ 😐 Nein

Wurde und wird heute ausreichend getanzt? ○ 😊 Ja ○ 😐 Nein

Kennst du mehr als 10% der Gäste vom heutigen Tag? ○ 😊 Ja ○ 😐 Nein

Kennst du weniger als 50% der Gäste vom heutigen Tag? ○ 😊 Ja ○ 😐 Nein

Trage hier bitte deine Wünsche für das Brautpaar ein:

_____

_____

Welches Zitat oder Gedicht magst du dem Brautpaar mit auf den Weg geben:

_____

_____

Dein aktuelles Lieblingslied lautet:

_____

Mit wem hast du heute alles getanzt:

_____

Was ist dein Lieblingsgetränk und hast du es heute auch getrunken:

_____

Platz für großes Lob und kleine konstruktive Kritik:

_____

_____

Name des Gastes: _____

War die Vorbereitung auf diese Feier sehr anstrengend? ○ 🙂 Ja ○ 😐 Nein

War die Anreise leicht und die Wegbeschreibung gut vorbereitet? ○ 🙂 Ja ○ 😐 Nein

Wie gefällt die Location (Kirche, Feierbereich und die allgemeine Örtlichkeit)? ○ 🙂 Ja ○ 😐 Nein

Gibt es Getränke und Essen nach deinem Geschmack? ○ 🙂 Ja ○ 😐 Nein

Ist das Brautpaar das schönste Ehepaar, welches du heute gesehen hast? ○ 🙂 Ja ○ 😐 Nein

Ist die Brautkutsche bzw. der Brautwagen nach deinem Geschmack? ○ 🙂 Ja ○ 😐 Nein

Gefällt dir die musikalische Auswahl von dieser Feier? ○ 🙂 Ja ○ 😐 Nein

Wurde und wird heute ausreichend getanzt? ○ 🙂 Ja ○ 😐 Nein

Kennst du mehr als 10% der Gäste vom heutigen Tag? ○ 🙂 Ja ○ 😐 Nein

Kennst du weniger als 50% der Gäste vom heutigen Tag? ○ 🙂 Ja ○ 😐 Nein

Trage hier bitte deine Wünsche für das Brautpaar ein:

_____

_____

Welches Zitat oder Gedicht magst du dem Brautpaar mit auf den Weg geben:

_____

_____

Dein aktuelles Lieblingslied lautet:

_____

Mit wem hast du heute alles getanzt:

_____

Was ist dein Lieblingsgetränk und hast du es heute auch getrunken:

_____

Platz für großes Lob und kleine konstruktive Kritik:

_____

_____

Name des Gastes:

War die Vorbereitung auf diese Feier sehr anstrengend? ○ 😊 Ja ○ 😐 Nein

War die Anreise leicht und die Wegbeschreibung gut vorbereitet? ○ 😊 Ja ○ 😐 Nein

Wie gefällt die Location (Kirche, Feierbereich und die allgemeine Örtlichkeit)? ○ 😊 Ja ○ 😐 Nein

Gibt es Getränke und Essen nach deinem Geschmack? ○ 😊 Ja ○ 😐 Nein

Ist das Brautpaar das schönste Ehepaar, welches du heute gesehen hast? ○ 😊 Ja ○ 😐 Nein

Ist die Brautkutsche bzw. der Brautwagen nach deinem Geschmack? ○ 😊 Ja ○ 😐 Nein

Gefällt dir die musikalische Auswahl von dieser Feier? ○ 😊 Ja ○ 😐 Nein

Wurde und wird heute ausreichend getanzt? ○ 😊 Ja ○ 😐 Nein

Kennst du mehr als 10% der Gäste vom heutigen Tag? ○ 😊 Ja ○ 😐 Nein

Kennst du weniger als 50% der Gäste vom heutigen Tag? ○ 😊 Ja ○ 😐 Nein

Trage hier bitte deine Wünsche für das Brautpaar ein:

_____

_____

Welches Zitat oder Gedicht magst du dem Brautpaar mit auf den Weg geben:

_____

_____

Dein aktuelles Lieblingslied lautet:

_____

Mit wem hast du heute alles getanzt:

_____

Was ist dein Lieblingsgetränk und hast du es heute auch getrunken:

_____

Platz für großes Lob und kleine konstruktive Kritik:

_____

_____

Name des Gastes: _____

War die Vorbereitung auf diese Feier sehr anstrengend?   ○ ☺ Ja   ○ 😐 Nein

War die Anreise leicht und die Wegbeschreibung gut vorbereitet?   ○ ☺ Ja   ○ 😐 Nein

Wie gefällt die Location (Kirche, Feierbereich und die allgemeine Örtlichkeit)?   ○ ☺ Ja   ○ 😐 Nein

Gibt es Getränke und Essen nach deinem Geschmack?   ○ ☺ Ja   ○ 😐 Nein

Ist das Brautpaar das schönste Ehepaar, welches du heute gesehen hast?   ○ ☺ Ja   ○ 😐 Nein

Ist die Brautkutsche bzw. der Brautwagen nach deinem Geschmack?   ○ ☺ Ja   ○ 😐 Nein

Gefällt dir die musikalische Auswahl von dieser Feier?   ○ ☺ Ja   ○ 😐 Nein

Wurde und wird heute ausreichend getanzt?   ○ ☺ Ja   ○ 😐 Nein

Kennst du mehr als 10% der Gäste vom heutigen Tag?   ○ ☺ Ja   ○ 😐 Nein

Kennst du weniger als 50% der Gäste vom heutigen Tag?   ○ ☺ Ja   ○ 😐 Nein

Trage hier bitte deine Wünsche für das Brautpaar ein:

_____

_____

Welches Zitat oder Gedicht magst du dem Brautpaar mit auf den Weg geben:

_____

_____

Dein aktuelles Lieblingslied lautet:

_____

Mit wem hast du heute alles getanzt:

_____

Was ist dein Lieblingsgetränk und hast du es heute auch getrunken:

_____

Platz für großes Lob und kleine konstruktive Kritik:

_____

_____

Name des Gastes: _____

War die Vorbereitung auf diese Feier sehr anstrengend? ○ ☺ Ja ○ 😐 Nein

War die Anreise leicht und die Wegbeschreibung gut vorbereitet? ○ ☺ Ja ○ 😐 Nein

Wie gefällt die Location (Kirche, Feierbereich und die allgemeine Örtlichkeit)? ○ ☺ Ja ○ 😐 Nein

Gibt es Getränke und Essen nach deinem Geschmack? ○ ☺ Ja ○ 😐 Nein

Ist das Brautpaar das schönste Ehepaar, welches du heute gesehen hast? ○ ☺ Ja ○ 😐 Nein

Ist die Brautkutsche bzw. der Brautwagen nach deinem Geschmack? ○ ☺ Ja ○ 😐 Nein

Gefällt dir die musikalische Auswahl von dieser Feier? ○ ☺ Ja ○ 😐 Nein

Wurde und wird heute ausreichend getanzt? ○ ☺ Ja ○ 😐 Nein

Kennst du mehr als 10% der Gäste vom heutigen Tag? ○ ☺ Ja ○ 😐 Nein

Kennst du weniger als 50% der Gäste vom heutigen Tag? ○ ☺ Ja ○ 😐 Nein

Trage hier bitte deine Wünsche für das Brautpaar ein:

_____

_____

Welches Zitat oder Gedicht magst du dem Brautpaar mit auf den Weg geben:

_____

_____

Dein aktuelles Lieblingslied lautet:

_____

Mit wem hast du heute alles getanzt:

_____

Was ist dein Lieblingsgetränk und hast du es heute auch getrunken:

_____

Platz für großes Lob und kleine konstruktive Kritik:

_____

_____

Name des Gastes: _____

War die Vorbereitung auf diese Feier sehr anstrengend?	○ ☺	Ja	○ 😐 Nein
War die Anreise leicht und die Wegbeschreibung gut vorbereitet?	○ ☺	Ja	○ 😐 Nein
Wie gefällt die Location (Kirche, Feierbereich und die allgemeine Örtlichkeit)?	○ ☺	Ja	○ 😐 Nein
Gibt es Getränke und Essen nach deinem Geschmack?	○ ☺	Ja	○ 😐 Nein
Ist das Brautpaar das schönste Ehepaar, welches du heute gesehen hast?	○ ☺	Ja	○ 😐 Nein
Ist die Brautkutsche bzw. der Brautwagen nach deinem Geschmack?	○ ☺	Ja	○ 😐 Nein
Gefällt dir die musikalische Auswahl von dieser Feier?	○ ☺	Ja	○ 😐 Nein
Wurde und wird heute ausreichend getanzt?	○ ☺	Ja	○ 😐 Nein
Kennst du mehr als 10% der Gäste vom heutigen Tag?	○ ☺	Ja	○ 😐 Nein
Kennst du weniger als 50% der Gäste vom heutigen Tag?	○ ☺	Ja	○ 😐 Nein

Trage hier bitte deine Wünsche für das Brautpaar ein:

Welches Zitat oder Gedicht magst du dem Brautpaar mit auf den Weg geben:

Dein aktuelles Lieblingslied lautet:

Mit wem hast du heute alles getanzt:

Was ist dein Lieblingsgetränk und hast du es heute auch getrunken:

Platz für großes Lob und kleine konstruktive Kritik:

Name des Gastes: _____

War die Vorbereitung auf diese Feier sehr anstrengend? ○ 😊 Ja ○ 😐 Nein

War die Anreise leicht und die Wegbeschreibung gut vorbereitet? ○ 😊 Ja ○ 😐 Nein

Wie gefällt die Location (Kirche, Feierbereich und die allgemeine Örtlichkeit)? ○ 😊 Ja ○ 😐 Nein

Gibt es Getränke und Essen nach deinem Geschmack? ○ 😊 Ja ○ 😐 Nein

Ist das Brautpaar das schönste Ehepaar, welches du heute gesehen hast? ○ 😊 Ja ○ 😐 Nein

Ist die Brautkutsche bzw. der Brautwagen nach deinem Geschmack? ○ 😊 Ja ○ 😐 Nein

Gefällt dir die musikalische Auswahl von dieser Feier? ○ 😊 Ja ○ 😐 Nein

Wurde und wird heute ausreichend getanzt? ○ 😊 Ja ○ 😐 Nein

Kennst du mehr als 10% der Gäste vom heutigen Tag? ○ 😊 Ja ○ 😐 Nein

Kennst du weniger als 50% der Gäste vom heutigen Tag? ○ 😊 Ja ○ 😐 Nein

Trage hier bitte deine Wünsche für das Brautpaar ein:

Welches Zitat oder Gedicht magst du dem Brautpaar mit auf den Weg geben:

Dein aktuelles Lieblingslied lautet:

Mit wem hast du heute alles getanzt:

Was ist dein Lieblingsgetränk und hast du es heute auch getrunken:

Platz für großes Lob und kleine konstruktive Kritik:

Name des Gastes: _____

War die Vorbereitung auf diese Feier sehr anstrengend?	○ 🙂 Ja	○ 😐 Nein
War die Anreise leicht und die Wegbeschreibung gut vorbereitet?	○ 🙂 Ja	○ 😐 Nein
Wie gefällt die Location (Kirche, Feierbereich und die allgemeine Örtlichkeit)?	○ 🙂 Ja	○ 😐 Nein
Gibt es Getränke und Essen nach deinem Geschmack?	○ 🙂 Ja	○ 😐 Nein
Ist das Brautpaar das schönste Ehepaar, welches du heute gesehen hast?	○ 🙂 Ja	○ 😐 Nein
Ist die Brautkutsche bzw. der Brautwagen nach deinem Geschmack?	○ 🙂 Ja	○ 😐 Nein
Gefällt dir die musikalische Auswahl von dieser Feier?	○ 🙂 Ja	○ 😐 Nein
Wurde und wird heute ausreichend getanzt?	○ 🙂 Ja	○ 😐 Nein
Kennst du mehr als 10% der Gäste vom heutigen Tag?	○ 🙂 Ja	○ 😐 Nein
Kennst du weniger als 50% der Gäste vom heutigen Tag?	○ 🙂 Ja	○ 😐 Nein

Trage hier bitte deine Wünsche für das Brautpaar ein:

Welches Zitat oder Gedicht magst du dem Brautpaar mit auf den Weg geben:

Dein aktuelles Lieblingslied lautet:

Mit wem hast du heute alles getanzt:

Was ist dein Lieblingsgetränk und hast du es heute auch getrunken:

Platz für großes Lob und kleine konstruktive Kritik:

Name des Gastes: _____

War die Vorbereitung auf diese Feier sehr anstrengend? ○ 🙂 Ja ○ 😐 Nein

War die Anreise leicht und die Wegbeschreibung gut vorbereitet? ○ 🙂 Ja ○ 😐 Nein

Wie gefällt die Location (Kirche, Feierbereich und die allgemeine Örtlichkeit)? ○ 🙂 Ja ○ 😐 Nein

Gibt es Getränke und Essen nach deinem Geschmack? ○ 🙂 Ja ○ 😐 Nein

Ist das Brautpaar das schönste Ehepaar, welches du heute gesehen hast? ○ 🙂 Ja ○ 😐 Nein

Ist die Brautkutsche bzw. der Brautwagen nach deinem Geschmack? ○ 🙂 Ja ○ 😐 Nein

Gefällt dir die musikalische Auswahl von dieser Feier? ○ 🙂 Ja ○ 😐 Nein

Wurde und wird heute ausreichend getanzt? ○ 🙂 Ja ○ 😐 Nein

Kennst du mehr als 10% der Gäste vom heutigen Tag? ○ 🙂 Ja ○ 😐 Nein

Kennst du weniger als 50% der Gäste vom heutigen Tag? ○ 🙂 Ja ○ 😐 Nein

Trage hier bitte deine Wünsche für das Brautpaar ein:

_____

_____

Welches Zitat oder Gedicht magst du dem Brautpaar mit auf den Weg geben:

_____

_____

Dein aktuelles Lieblingslied lautet:

_____

Mit wem hast du heute alles getanzt:

_____

Was ist dein Lieblingsgetränk und hast du es heute auch getrunken:

_____

Platz für großes Lob und kleine konstruktive Kritik:

_____

_____

Name des Gastes: _____

War die Vorbereitung auf diese Feier sehr anstrengend? ○ 🙂 Ja ○ 😐 Nein

War die Anreise leicht und die Wegbeschreibung gut vorbereitet? ○ 🙂 Ja ○ 😐 Nein

Wie gefällt die Location (Kirche, Feierbereich und die allgemeine Örtlichkeit)? ○ 🙂 Ja ○ 😐 Nein

Gibt es Getränke und Essen nach deinem Geschmack? ○ 🙂 Ja ○ 😐 Nein

Ist das Brautpaar das schönste Ehepaar, welches du heute gesehen hast? ○ 🙂 Ja ○ 😐 Nein

Ist die Brautkutsche bzw. der Brautwagen nach deinem Geschmack? ○ 🙂 Ja ○ 😐 Nein

Gefällt dir die musikalische Auswahl von dieser Feier? ○ 🙂 Ja ○ 😐 Nein

Wurde und wird heute ausreichend getanzt? ○ 🙂 Ja ○ 😐 Nein

Kennst du mehr als 10% der Gäste vom heutigen Tag? ○ 🙂 Ja ○ 😐 Nein

Kennst du weniger als 50% der Gäste vom heutigen Tag? ○ 🙂 Ja ○ 😐 Nein

Trage hier bitte deine Wünsche für das Brautpaar ein:

Welches Zitat oder Gedicht magst du dem Brautpaar mit auf den Weg geben:

Dein aktuelles Lieblingslied lautet:

Mit wem hast du heute alles getanzt:

Was ist dein Lieblingsgetränk und hast du es heute auch getrunken:

Platz für großes Lob und kleine konstruktive Kritik:

Name des Gastes: _____

War die Vorbereitung auf diese Feier sehr anstrengend? ○ ☺ Ja ○ 😐 Nein

War die Anreise leicht und die Wegbeschreibung gut vorbereitet? ○ ☺ Ja ○ 😐 Nein

Wie gefällt die Location (Kirche, Feierbereich und die allgemeine Örtlichkeit)? ○ ☺ Ja ○ 😐 Nein

Gibt es Getränke und Essen nach deinem Geschmack? ○ ☺ Ja ○ 😐 Nein

Ist das Brautpaar das schönste Ehepaar, welches du heute gesehen hast? ○ ☺ Ja ○ 😐 Nein

Ist die Brautkutsche bzw. der Brautwagen nach deinem Geschmack? ○ ☺ Ja ○ 😐 Nein

Gefällt dir die musikalische Auswahl von dieser Feier? ○ ☺ Ja ○ 😐 Nein

Wurde und wird heute ausreichend getanzt? ○ ☺ Ja ○ 😐 Nein

Kennst du mehr als 10% der Gäste vom heutigen Tag? ○ ☺ Ja ○ 😐 Nein

Kennst du weniger als 50% der Gäste vom heutigen Tag? ○ ☺ Ja ○ 😐 Nein

Trage hier bitte deine Wünsche für das Brautpaar ein:

_____

_____

Welches Zitat oder Gedicht magst du dem Brautpaar mit auf den Weg geben:

_____

_____

Dein aktuelles Lieblingslied lautet:

_____

Mit wem hast du heute alles getanzt:

_____

Was ist dein Lieblingsgetränk und hast du es heute auch getrunken:

_____

Platz für großes Lob und kleine konstruktive Kritik:

_____

_____

Name des Gastes: _____

War die Vorbereitung auf diese Feier sehr anstrengend? ○ 🙂 Ja ○ 😐 Nein

War die Anreise leicht und die Wegbeschreibung gut vorbereitet? ○ 🙂 Ja ○ 😐 Nein

Wie gefällt die Location (Kirche, Feierbereich und die allgemeine Örtlichkeit)? ○ 🙂 Ja ○ 😐 Nein

Gibt es Getränke und Essen nach deinem Geschmack? ○ 🙂 Ja ○ 😐 Nein

Ist das Brautpaar das schönste Ehepaar, welches du heute gesehen hast? ○ 🙂 Ja ○ 😐 Nein

Ist die Brautkutsche bzw. der Brautwagen nach deinem Geschmack? ○ 🙂 Ja ○ 😐 Nein

Gefällt dir die musikalische Auswahl von dieser Feier? ○ 🙂 Ja ○ 😐 Nein

Wurde und wird heute ausreichend getanzt? ○ 🙂 Ja ○ 😐 Nein

Kennst du mehr als 10% der Gäste vom heutigen Tag? ○ 🙂 Ja ○ 😐 Nein

Kennst du weniger als 50% der Gäste vom heutigen Tag? ○ 🙂 Ja ○ 😐 Nein

Trage hier bitte deine Wünsche für das Brautpaar ein:

Welches Zitat oder Gedicht magst du dem Brautpaar mit auf den Weg geben:

Dein aktuelles Lieblingslied lautet:

Mit wem hast du heute alles getanzt:

Was ist dein Lieblingsgetränk und hast du es heute auch getrunken:

Platz für großes Lob und kleine konstruktive Kritik:

Name des Gastes: _____

War die Vorbereitung auf diese Feier sehr anstrengend? ○ 🙂 Ja   ○ 😐 Nein

War die Anreise leicht und die Wegbeschreibung gut vorbereitet? ○ 🙂 Ja   ○ 😐 Nein

Wie gefällt die Location (Kirche, Feierbereich und die allgemeine Örtlichkeit)? ○ 🙂 Ja   ○ 😐 Nein

Gibt es Getränke und Essen nach deinem Geschmack? ○ 🙂 Ja   ○ 😐 Nein

Ist das Brautpaar das schönste Ehepaar, welches du heute gesehen hast? ○ 🙂 Ja   ○ 😐 Nein

Ist die Brautkutsche bzw. der Brautwagen nach deinem Geschmack? ○ 🙂 Ja   ○ 😐 Nein

Gefällt dir die musikalische Auswahl von dieser Feier? ○ 🙂 Ja   ○ 😐 Nein

Wurde und wird heute ausreichend getanzt? ○ 🙂 Ja   ○ 😐 Nein

Kennst du mehr als 10% der Gäste vom heutigen Tag? ○ 🙂 Ja   ○ 😐 Nein

Kennst du weniger als 50% der Gäste vom heutigen Tag? ○ 🙂 Ja   ○ 😐 Nein

Trage hier bitte deine Wünsche für das Brautpaar ein:

Welches Zitat oder Gedicht magst du dem Brautpaar mit auf den Weg geben:

Dein aktuelles Lieblingslied lautet:

Mit wem hast du heute alles getanzt:

Was ist dein Lieblingsgetränk und hast du es heute auch getrunken:

Platz für großes Lob und kleine konstruktive Kritik:

Name des Gastes: _____

War die Vorbereitung auf diese Feier sehr anstrengend?	○ 😊 Ja	○ 😐 Nein
War die Anreise leicht und die Wegbeschreibung gut vorbereitet?	○ 😊 Ja	○ 😐 Nein
Wie gefällt die Location (Kirche, Feierbereich und die allgemeine Örtlichkeit)?	○ 😊 Ja	○ 😐 Nein
Gibt es Getränke und Essen nach deinem Geschmack?	○ 😊 Ja	○ 😐 Nein
Ist das Brautpaar das schönste Ehepaar, welches du heute gesehen hast?	○ 😊 Ja	○ 😐 Nein
Ist die Brautkutsche bzw. der Brautwagen nach deinem Geschmack?	○ 😊 Ja	○ 😐 Nein
Gefällt dir die musikalische Auswahl von dieser Feier?	○ 😊 Ja	○ 😐 Nein
Wurde und wird heute ausreichend getanzt?	○ 😊 Ja	○ 😐 Nein
Kennst du mehr als 10% der Gäste vom heutigen Tag?	○ 😊 Ja	○ 😐 Nein
Kennst du weniger als 50% der Gäste vom heutigen Tag?	○ 😊 Ja	○ 😐 Nein

Trage hier bitte deine Wünsche für das Brautpaar ein:

Welches Zitat oder Gedicht magst du dem Brautpaar mit auf den Weg geben:

Dein aktuelles Lieblingslied lautet:

Mit wem hast du heute alles getanzt:

Was ist dein Lieblingsgetränk und hast du es heute auch getrunken:

Platz für großes Lob und kleine konstruktive Kritik:

Name des Gastes: _____

War die Vorbereitung auf diese Feier sehr anstrengend?　　○ ☺ Ja　　○ 😐 Nein

War die Anreise leicht und die Wegbeschreibung gut vorbereitet?　　○ ☺ Ja　　○ 😐 Nein

Wie gefällt die Location (Kirche, Feierbereich und die allgemeine Örtlichkeit)?　　○ ☺ Ja　　○ 😐 Nein

Gibt es Getränke und Essen nach deinem Geschmack?　　○ ☺ Ja　　○ 😐 Nein

Ist das Brautpaar das schönste Ehepaar, welches du heute gesehen hast?　　○ ☺ Ja　　○ 😐 Nein

Ist die Brautkutsche bzw. der Brautwagen nach deinem Geschmack?　　○ ☺ Ja　　○ 😐 Nein

Gefällt dir die musikalische Auswahl von dieser Feier?　　○ ☺ Ja　　○ 😐 Nein

Wurde und wird heute ausreichend getanzt?　　○ ☺ Ja　　○ 😐 Nein

Kennst du mehr als 10% der Gäste vom heutigen Tag?　　○ ☺ Ja　　○ 😐 Nein

Kennst du weniger als 50% der Gäste vom heutigen Tag?　　○ ☺ Ja　　○ 😐 Nein

Trage hier bitte deine Wünsche für das Brautpaar ein:

_____

_____

Welches Zitat oder Gedicht magst du dem Brautpaar mit auf den Weg geben:

_____

_____

Dein aktuelles Lieblingslied lautet:

_____

Mit wem hast du heute alles getanzt:

_____

Was ist dein Lieblingsgetränk und hast du es heute auch getrunken:

_____

Platz für großes Lob und kleine konstruktive Kritik:

_____

_____